¿CÓMO ECLOSIONAN LOS HUEVOS?

MARIE ROGERS

TRADUCIDO POR ESTHER SARFATTI

PowerKiDS press™

New York

Published in 2021 by The Rosen Publishing Group, Inc.
29 East 21st Street, New York, NY 10010

First Edition

Translator: Esther Sarfatti
Editor, Spanish: Rossana Zúñiga
Editor: Amanda Vink
Book Design: Rachel Rising

Portions of this work were originally authored by Elena Hobbes and published as *How Do Eggs Hatch?* All new material in this edition authored by Marie Rogers).

Photo Credits: Cover, p. 1 NagyBagoly/ Shutterstock.com; pp. 4,6,8,10,12,14,16,18,20,22 (background) cluckva/Shutterstock.com; p. 5 mayk.75/Shutterstock.com; p. 7 yevgeniy11/Shutterstock.com; p. 9 MR.RAWIN TANPIN/Shutterstock.com; p. 11 kevin leah/Shutterstock.com; p.13 Chokniti Khongchum/Shutterstock.com; p. 15 Jakinnboaz/Shutterstock.com; p. 17 Silarock/Shutterstock.com; p. 19 Anneka/Shutterstock.com; p. 21 Lungkit/Shutterstock.com; p.22 Moonborne/Shutterstock.com.

Library of Congress Cataloging-in-Publication Data

Names: Rogers, Marie, 1990- author.
Title: ¿Cómo eclosionan los huevos? / Marie Rogers.
Description: New York : PowerKids Press, [2020] | Series: El máximo secreto de la naturaleza
 | Includes index.
Identifiers: LCCN 2019044292 | ISBN 9781725320765 (paperback) | ISBN
 9781725320789 (library bound) | ISBN 9781725320772 (6 pack)
Subjects: LCSH: Eggs–Incubation–Juvenile literature. |
 Embryology–Juvenile literature. | Chickens–Development–Juvenile
 literature.
Classification: LCC QL956.5 .R64 2020 | DDC 591.4/68–dc23
LC record available at https://lccn.loc.gov/2019044292

Manufactured in the United States of America

CPSIA Compliance Information: Batch #CSPK20. For Further Information contact Rosen Publishing, New York, New York at 1-800-237-9932.

Find us on

CONTENIDO

¿Qué es un huevo?

¡Los huevos son **asombrosos**! Pueden ser grandes o pequeños y de muchos colores diferentes. Incluso, algunos de ellos tienen manchas. Muchas crías de animales crecen dentro de huevos. Cuando llega el momento de nacer, el huevo **eclosiona** y el animal bebé sale del **cascarón**.

Los polluelos

¿Has visto alguna vez una gallina?
Sus bebés, los polluelos o pollitos,
nacen de huevos. Esto pasa
unas tres semanas después de que
la gallina ha puesto el huevo.
El polluelo crece dentro del huevo
hasta que está listo para nacer.
¡Entonces el huevo eclosiona!

El nido

Los huevos de gallina tienen una cáscara fina que puede romperse fácilmente. Solo las gallinas pueden poner huevos. Las gallinas ponen sus huevos en un nido hecho de paja. Algunas ponen huevos a diario, mientras que otras los ponen una o dos veces por semana.

¿Qué necesitan los huevos?

Los huevos necesitan muchos cuidados antes de eclosionar. Las gallinas se sientan encima de sus huevos para protegerlos y mantenerlos calientes. Los huevos necesitan mucho calor para que los polluelos puedan crecer. El tiempo que necesitan para desarrollarse dentro del huevo, se llama período de incubación.

La rotación de los huevos

Las gallinas normalmente ponen entre 8 y 13 huevos. Un grupo de huevos se llama nidada.

Las gallinas **rotan** los huevos para ayudar a los polluelos a crecer correctamente. Rotan sus huevos varias veces durante el día.

¿Qué tienen por dentro?

Dentro de un huevo de gallina hay un **líquido** transparente y una **yema**. El polluelo, llamado embrión, utiliza ambas partes como alimento.

Al final del período de incubación, ¡el polluelo es lo único que cabe dentro del huevo!

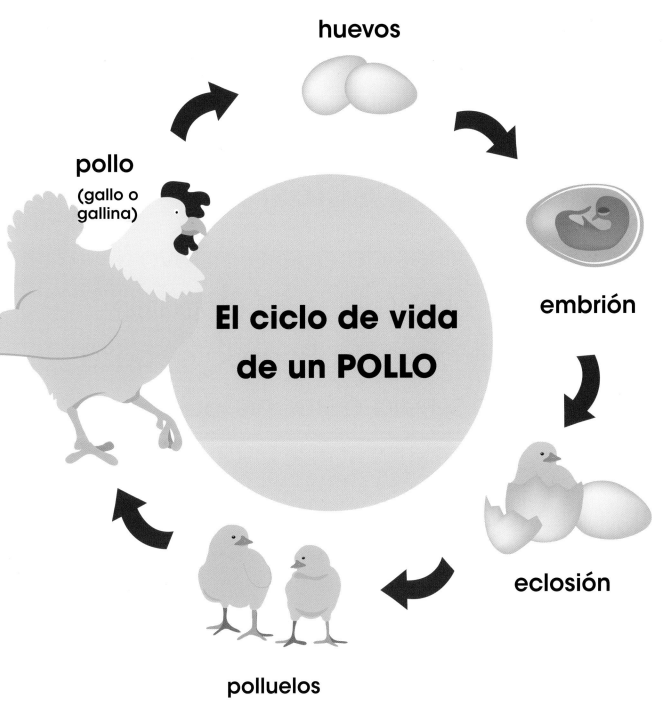

huevos

embrión

eclosión

polluelos

pollo
(gallo o gallina)

El ciclo de vida de un POLLO

Listo para la eclosión

Unos días antes de que el huevo eclosione, el polluelo se coloca en la posición correcta. Pone la cabeza debajo de su ala derecha. Su **pico** da hacia el extremo del huevo que tiene una pequeña bolsa de aire.

Pío, pío

Cuando el huevo está a punto de eclosionar, se puede escuchar al polluelo dentro. Este hace un suave "pío pío" desde el interior del huevo. Cuando la gallina lo escucha, sabe que sus huevos están a punto de eclosionar.

El diente de huevo

Los polluelos tienen un cuello muy fuerte. Levantan la cabeza hacia el cascarón. Después, lo rompen con su diente de huevo. Se trata de una punta afilada al final de sus picos. Cuando los polluelos crecen, el diente de huevo se cae.

¡Bienvenidos al mundo!

Finalmente los polluelos rompen el cascarón y salen al mundo. Una vez fuera, los polluelos necesitan agua, comida y calor. Cuando son pequeños, tienen plumas amarillas suaves. Después, ¡crecen hasta convertirse en adultos, como gallos o gallinas!

GLOSARIO

asombroso: que causa sorpresa o admiración.

cascarón: la cáscara de un huevo, por ejemplo, la que rompe un polluelo para salir al mundo.

eclosionar: el hecho de romperse un huevo para dejar salir a un animal bebé.

líquido: sustancia que fluye libremente, como el agua.

pico: la parte dura que cubre la boca de un pájaro.

rotar: girar o dar vueltas.

yema: la parte amarilla que está en el centro de un huevo.

ÍNDICE

SITIOS DE INTERNET

Debido a la naturaleza cambiante de los enlaces de internet, PowerKids Press ha
elaborado una lista de sitios de Internet relacionados con el tema de este libro. Este sitio
se actualiza de forma regular. Por favor, utiliza este enlace para acceder a la lista:
www.powerkidslinks.com/tsn/eggs